Benjamin Krischer

Change Management als Voraussetzung für einen erfolgreic
temen

Examicus - Verlag für akademische Texte

Der Examicus Verlag mit Sitz in München hat sich auf die Veröffentlichung akademischer Texte spezialisiert.

Die Verlagswebseite www.examicus.de ist für Studenten, Hochschullehrer und andere Akademiker die ideale Plattform, ihre Fachtexte, Studienarbeiten, Abschlussarbeiten oder Dissertationen einem breiten Publikum zu präsentieren.

Dokument Nr. V185851 aus dem Examicus Verlagsprogramm

Benjamin Krischer

Change Management als Voraussetzung für einen erfolgreichen Einsatz von eLearning Systemen

Examicus Verlag

Bibliografische Information der Deutschen Nationalbibliothek: Die Deutsche Bibliothek
verzeichnet diese Publikation in der Deutschen Nationalbibliografie; detaillierte bibliografische Daten sind im Internet über http://dnb.d-nb.de/ abrufbar.

1. Auflage 2001
Copyright © 2001 GRIN Verlag GmbH
http://www.examicus.de
Druck und Bindung: Books on Demand GmbH, Norderstedt Germany
ISBN 978-3-656-99131-1

Philipps – Universität Marburg

Fachbereich Wirtschaftswissenschaften

Institut für Wirtschaftsinformatik

Seminar zur Wirtschaftsinformatik im SS 2001

Wissen und Lernen

Thema Nr.22:

Change Management als Voraussetzung für einen erfolgreichen Einsatz von eLearning Systemen

Eingereicht von:

Benjamin Krischer

Inhaltsverzeichnis

Abkürzungsverzeichnis

Abb.	–	Abbildung
bzw.	–	beziehungsweise
CBT	–	Computer Based Training
CEO	–	Chief Executive Officer
d.h.	–	das heißt
IT	–	Informationstechnologie
o.g.	–	oben genannt(en)
s.a.	–	siehe auch
u.a.	–	unter anderem
Vgl.	–	Vergleiche
WBT	–	Web Based Training
z.B.	–	zum Beispiel

1 Einleitung

Gegenwärtig sind Erfolgsrezepte von gestern und heute kein Garant mehr für den Erfolg von morgen. Ein gewaltiger Veränderungs- und Leistungsdruck ist entstanden.[1] Dies betrifft zum einen die heutigen Organisationsstrukturen und die internen und externen Beziehungen der Unternehmung. Zum anderen steigen die Anforderungen und Erwartungen an die Mitarbeiter.

Diese Veränderungen können nur durch Neudefinition von bisherigen Strukturen erfolgreich durchgeführt werden.

Change – Wandel ist das Motto unserer Zeit.

Ziel dieser Arbeit ist es erstens, Change Management und eLearning hinreichend zu definieren und dessen Auswirkung auf das Unternehmen deutlich zu machen und zweitens, die bei Einführung von eLearning Systemen durch Change Management betroffenen Unternehmensbereiche darzustellen sowie notwendige Faktoren für erfolgreiche Implementierung aufzuzeigen, wobei hier nur auf innerbetriebliche Faktoren abgezielt wird.

2 eLearning – Definition und Bedeutung

Durch Globalisierung, Vernetzung und die rasante Entwicklung neuer Technologien entstehen immer größere Herausforderungen für heutige Unternehmen. Die Nutzung und Generierung von strategischen Wettbewerbsvorteilen gewinnt ständig mehr an Bedeutung. Ein bedeutsamer *Wettbewerbsvorteil* gegenüber Konkurrenten zeichnet sich im besonderen durch *Wissensvorsprünge* aus.[2]

Durch die zunehmende Quantität[3] an relevantem Wissen und erhöhte Verfügbarkeit von Informationen[4] verringert sich die Halbwertzeit des Wissens, das Gelernte wird immer schneller obsolet. Lebenslanges Lernen wird Vorraussetzung sein, um mit der heutigen Wissensgesellschaft Schritt zu halten.[5]

---

[1] Vgl. Doppler, Lauterburg / Change Management / S.17
[2] Vgl. o.V. (WWW)/KPMG,2000 eLearning Broschüre / S.2
[3] Vgl. Wiendick / Führung 2000 / S.40
[4] Vgl. Schoop / Computerunterstütztes Lernen / S.545
5 Vgl. o.V. / Lessons of a virtual timetable / S.6

Aus diesem Grund müssen althergebrachte Strukturen des betrieblichen Lernens überdacht werden. Ein wesentliches Instrument dazu bietet eLearning.[6] Wesentliche Vorteile der neuen Lernmethoden liegen unter anderem in einer erheblichen Reduzierung des Zeitbedarfs für Fortbildungsmaßnahmen und einer spürbaren Kostenminderung. Durchschnittlich werden diese beiden Faktoren in der Literatur mit einem Satz von bis zu 30% angegeben. Daneben ergibt sich als weiterer Vorteil die höhere Flexibilität und Individualität bei Nutzung des eLearning.[7]

Allerdings soll die Einführung von eLearning nicht die konventionellen Lernumgebungen ersetzen, sondern diese in einem ausgewogenem Zusammenspiel von neuen Technologien, als auch von traditionellen Unterrichtsmethoden ergänzen,[8] da u.a. der Faktor der sozialen Integration, der nicht zu vernachlässigen ist, am Arbeitsplatz bei konventionellen Lehrveranstaltungen weitaus stärker zur Geltung kommt.[9]

Der Begriff eLearning soll in dieser Seminararbeit als Gesamtheit der durch Informationstechnologie gestützten individuellen und gruppengestützten Lernmethoden, wie z.B. Computer Based Training (CBT), Web Based Training (WBT) und Computer Aided Instruction (CAI) sowie der durch diese Tools entstehenden Generierung, Speicherung und Nutzung von Wissen verstanden werden.

Wie bedeutend eLearning für heutige Unternehmen werden könnte macht eine Studie der International Data Corp. deutlich, nach welcher der Markt für eLearning Software allein in Westeuropa von 320 Millionen US-Dollar im Jahr 2000 auf 3,9 Milliarden US-Dollar im Jahr 2004 wachsen wird.[10]

John Chambers, CEO von Cisco Systems, einem der Pionierunternehmen des eLearning, fasste diese Entwicklung in folgendem Zitat treffend zusammen: „The scale of network traffic generated by eLearning will make today's exchange of email messages look like a rounding error."[11]

---

[6] Vgl. o.V. (WWW)/KPMG,2000 eLearning Broschüre / S.2
[7] Vgl. Forthmann / Internet macht lernen billiger / S.1
[8] Vgl. Forthmann / a.a.O. / S.1
[9] Vgl. Schwertfeger / Lernen ohne Reisekosten / S.2
[10] Vgl. Schwertfeger / Cyber-Learning hat noch viele Tücken / S.1
[11] Vgl. o.V. / Lessons of a virtual timetable / S.2

3 Gründe, Ziele und Vorgehensweise des Change Managements

Im folgenden sollen die Gründe, die organisatorischen Wandel in heutiger Zeit immer mehr an Bedeutung gewinnen lassen, erörtert sowie die durch Change Management verfolgten Ziele dargestellt werden. Im Anschluss daran erfolgt eine kurze Darstellung der grundsätzlichen Vorgehensweise bei Veränderungsprozessen.

3.1 Gründe und Ziele

Wegen zunehmender Komplexität heutiger Geschäftsprozesse und kürzeren Produktlebenszyklen, kurz einer *zunehmenden Umweltdynamik*,[12] sind die heutigen Unternehmen, bedingt durch den hierdurch entstehenden Leistungs- und Veränderungsdruck gezwungen, sich anzupassen[13] und gefordert, neuartige Lösungen zu finden.[14] Gelingt dies nicht verliert die Unternehmung ihre Überlebensfähigkeit.[15] Der Schlüssel für den Erhalt der Wettbewerbsfähigkeit liegt demnach im organisatorischen Wandel, der sowohl die Organisation als auch den einzelnen Mitarbeiter betrifft.[16]

Wie groß die Bedeutung von Wandlungsprozessen zur Zeit ist wird durch eine Studie der Cambridge Management Consulting Unternehmensberatung deutlich: Für 63% aller hohen Führungskräfte ist Change Management fester Bestandteil ihrer Arbeit, 30% gaben sogar an in mehreren Projekten involviert zu sein.[17] Ein ganz anderes Bild ergibt sich, wenn man betrachtet, inwieweit Change Management Teil des heutigen Bildungswesens in Westeuropa ist: Nur 17% des mittleren Managements und 7% des gehobenen Managements wurden in Verfahren des Change- bzw. Innovationsmanagements geschult.[18] Hieraus lassen sich die Schwierigkeiten, die bei der Bewältigung organisatorischen Wandels auftreten, begründen.

---

[12] Vgl. Horvarth / Controlling / S.4
[13] Vgl. Wiendick / Führung 2000 / S.45
[14] Vgl. Horvarth / a.a.O / S.5
[15] Vgl. Pieper / Geplanter Wandel in Organisationen / S.76
[16] Vgl. Minton / Ready for eLearning / S.1
[17] Vgl. Freisberg / Der stetige Wandel / S.1
[18] Vgl. Berth / Woran scheitern Innovationen / S.4

Wenn die im ersten Abschnitt angesprochenen Veränderungen zufällig und unbemerkt geschehen, spricht man von *ungeplantem Wandel.* Im Verlauf dieser Arbeit wird darauf nicht weiter eingegangen.

Das Gegenstück, der *geplante organisatorische Wandel,* setzt die Entscheidung voraus, Veränderungsprozesse bewusst einzuleiten und umfasst alle Bemühungen, wesentliche Teile oder die gesamte Unternehmung bezogen auf *Effizienzsteigerung* zu verändern. Die sich daraus ergebenen Managementaufgaben sind äußerst komplex und schwer zu handhaben. Dies zeigt sich z.b. in der nur bedingt planbaren Veränderung des sozialen Systems innerhalb einer Unternehmung,[19] auf welche später noch näher eingegangen wird.

Der Begriff *Change Management,* in deutschsprachiger Literatur auch als *Organisationsentwicklung* bezeichnet, ist synonym zu geplantem organisatorischem Wandel zu verstehen, wobei hier nicht auf einzelne Optimierungsansätze, sondern auf den *Vollzug von nachhaltigen, die gesamte Unternehmung betreffenden Veränderungen* abgezielt wird.

Ziel des organisatorischen Wandels ist es, in Hinblick auf gesteigerte Produktivität, die Prozesse, Informationstechnologie und Menschen innerhalb eines Unternehmens zielgerichtet zu koordinieren sowie die Mitarbeiter und die Unternehmensstruktur mit den Veränderungen der Organisationsstruktur und denen der Geschäftsstrategie in Einklang zu bringen.[20]

In heutigen Ansätzen steht der Mitarbeiter selbst im Vordergrund der Änderungsprozesse, so dass Change Management mehr durch ein gemeinsames Miteinander und zur bestmöglichen Befriedigung der Bedürfnisse aller partizipierenden Organisationsmitglieder, anstatt durch Zwang durchgeführt wird.[21]

3.2 Vorgehensweise

Als Eckpfeiler für jeden Prozess der organisatorischen Veränderung haben sich die *goldenen Regeln des erfolgreichen Wandels*[22] herauskristallisiert:

---

[19] Vgl. Staehle / Management / S.899
[20] Vgl. Vollrath / Abschied vom Change Management / S.30f
[21] Vgl. Vollrath / a.a.O. / S.30
[22] Vgl. Steinmann; Schreyögg / Management / S.443

1. *Aktive Teilnahme* aller Beteiligten am Veränderungsprozess im Sinne von frühzeitiger Information und Partizipation an den damit verbundenen Entscheidungen.

2. Die *Gruppe* muss als wichtigstes Wandelmedium angesehen werden, da Gruppen leichter und schneller reagieren als Individuen.

3. Gegenseitige *Kooperation* der Unternehmensmitglieder als Motor des Wandels.

4. Wandelprozesse sind zyklisch und bestehen aus einer Auflockerungsphase, in der Wandlungsbereitschaft geschaffen wird und alte Strukturen gelöst werden. Im Anschluss daran erfolgt eine Beruhigungsphase, innerhalb derer die neuen Strukturen wieder gefestigt werden.

Der letzte Punkt stammt ursprünglich von Lewin, der die *triadische Episode erfolgreichen Wandels*,[23] auch bekannt als *fix à lose à fix*[24] formulierte, die *Grundlage* für viele weitere Grundmodelle des Wandels ist:[25]

1. *Auftauen (Unfreezing)*: Der Gleichgewichtszustand der Organisation wird aufgegeben bzw. eine Veränderungsbereitschaft wird gebildet, indem alte Gewohnheiten in Frage gestellt und neue Ideen, welche die Effizienz der Organisation steigern, angedacht werden. Diese Phase beinhaltet demnach die Sammlung von Informationen, Feedback und eine anschließende Diagnose. Change Management Prozesse, die ohne diesen Denkansatz durchgeführt werden, sind häufig zum Scheitern verurteilt.

2. *Verändern (moving)*: Hier werden die durchzuführenden Maßnahmen aufgrund der in der ersten Phase gewonnenen Ideen geplant, ausgeführt und eventuell durch Interventionen, falls im Veränderungsprozess Probleme auftreten, revidiert. Weiterhin werden neue Verhaltensweisen ausgebildet und eingeübt.[26]

3. *Stabilisieren (refreezing)*: In der Phase der Stabilisierung muss sich ein neues organisationales Gleichgewicht einpendeln, denn sonst besteht die Möglichkeit, dass Rückschläge oder das Festhalten an vertrauten Strukturen die Organisation wieder in den Ursprungszustand zurückfallen lassen. Diese Phase erfordert die Kontrolle der Einhaltung vorgenommener Änderungen.[27]

---

[23] Vgl. Steinmann, Schreyögg / a.a.O., S.443
[24] Vgl. Vollrath / Abschied vom "Change Management" / S.30
[25] s.a. Abbildung 1: Übersicht über die Grundmodelle des Wandels
[26] Vgl. Pieper, Richter / Management / S.78
[27] Vgl. Gabler / S.2898

Die Umsetzung der oben genannten Punkte kann nach der Interventionsstrategie auf folgenden Wegen erfolgen:[28] Der meistgenutzte Ansatz ist *top down*, hierbei wird, ausgehend von der obersten Führungsebene, hierarchisch abwärts geplant. Das Gegenstück stellt die *bottom up* Strategie dar, eine Planung, die von der niedrigsten Hierarchieebene intendiert wird. Als letztes wäre *from middle both ways* zu nennen, eine Kombination aus den beiden vorigen Ansätzen. Der top down Ansatz ist, nach herrschender Meinung, der erfolgreichste, da hier die größte Unterstützung durch das obere Management vorhanden ist. Wenn auf Breitenwirkung und hohe Akzeptanz Wert gelegt wird, können auch die beiden anderen Strategien gewählt werden. Allerdings ist auch hier die Unterstützung des gehobenen Managements unabdingbar.[29]

4 Betroffene Komponenten des Unternehmens

Nach Harold J.Leavitt ist ein *Unternehmen ein komplexes Modell von Menschen und Sachmitteln, das mittels einer bestimmten Struktur versucht, die ihm gestellten Aufgaben zu lösen.*[30]

Ansatzpunkte für einen organisatorischen Wandel bieten vor allem Mitarbeiter, Technologie, Unternehmenskultur und Organisationsstruktur, allerdings dürfen die genannten Faktoren nicht für sich alleine gesehen werden, da sie miteinander in Wechselwirkung stehen. [31]

In den folgenden Abschnitten wird sowohl generell auf die Strukturveränderungen als auch auf die speziell für die erfolgreiche Einführung von eLearning vorzunehmenden Veränderungen eingegangen.

4.1 Mitarbeiter

Auch wenn die Change Management Prozesse im Unternehmen weitgehend durch den technischen Fortschritt bedingt sind, stehen die *Änderungen des menschlichen Verhaltens im Fokus des Wandels.*

---

[28] s.a. Abbildung 2: Alternative Ausgangspunkte für organisatorischen Wandel
[29] Vgl. Staehle / Management / S.935; auch für weitere Typen von Wandelstrategien
[30] Vgl. Staehle / Management / S.944
[31] s.a. Abbildung 3: Die vier Systemkomponenten nach Leavitt

Ausschlaggebender Faktor für erfolgreiches Change Management ist, dass die Mitarbeiter Chancen und Möglichkeiten erhalten, sich weiterzuentwickeln, einerseits zur Befriedigung ihrer persönlichen Bedürfnisse und letztendlich zur Selbstverwirklichung[32], andererseits, um ihre Fähigkeiten für das Unternehmen konsequent nutzbar zu machen.[33]

Um ein eLearning-System erfolgreich zu implementieren muss der Zusammenhang zwischen Arbeit und Lernen den Mitarbeitern bewusst gemacht werden.[34] Der *Dialog* mit den Mitarbeitern ist hierzu ein *entscheidendes Element*. Die Entwicklung der Lernumgebung und ihr bisheriger Einsatz muss in hohem Grade kommuniziert werden, um die Software zu fokussieren und zu promoten, anstatt eLearning zu ,verordnen'. Dies bedeutet eine aktive Einbindung aller am Entwicklungs-/Einführungsprozess beteiligten, dazu zählen Projektmanagern, Benutzern, Grafikern, Multimedia Experten, Softwareentwicklern und Trainern sowie regelmäßige Information der zukünftigen Nutzer.[35]

Das *Hauptproblem*, welches sich bei Einführung einer neuartigen Lernumgebung den Verantwortlichen stellt, ist, dass das Handeln und die Verhaltensweisen der Mitarbeiter auf Überzeugungen beruhen, demnach ist nicht das Verhalten selbst, sondern die Überzeugung der Angestellten zu verändern.[36] Dazu ist neben den bisher angeführten Veränderungen eine *Veränderung der Mentalität* nötig, wobei vor allem die Schaffung von Akzeptanz des Lernens am Arbeitsplatz bedeutend ist. In vielen Unternehmen hat Weiterbildung am Arbeitsplatz noch ein Faible von Faulheit. Es muss deutlich gemacht werden, dass z.B. arbeitstechnisch bedingte Pausen sinnvoll durch Lernphasen überbrückt, Lernende nicht für ihre gewöhnliche tägliche Arbeit unterbrochen und Behinderungen durch Lärm und sonstige Ablenkungen auf ein Minimum reduziert werden.[37] Eine Möglichkeit Ablenkungen zu verhindern wäre z.B. die Einrichtung von Lernstudios oder Bibliotheken.

Vielen Mitarbeitern fehlt zudem noch das sichere Verständnis für die Technik. Wenn dies der Fall ist, muss zuerst eine bestimmte technische Kompetenz geschaffen werden, die eine Vertrautheit mit dem Medium schafft. Das ist Grundvorraussetzung, für sicheres und motiviertes lernen.

---

[32] s.a. Abbildung 4: Die Maslowsche Bedürfnispyramide; Vgl. Schreyögg / Organisation / S.221ff
[33] Vgl. Mary / Change Management als Chance / S.145
[34] Vgl. Vollrath / Abschied vom "Change Management" / S.30
[35] Vgl. Werner (WWW) / Change Management and eLearning / S.8
[36] Vgl. Mary / Change Management als Chance / S.34
[37] Vgl. Schanda / Grenzen interaktiver Medien / S.114

Zusätzlich sollten User Help Desks, Reference Cards oder ähnliches verfügbar sein, die *real time help* während des Trainings gewährleisten (wobei die Verfügbarkeit des Supports nicht nur auf die Einführungsphase, sondern auf die gesamte Lebensdauer der Software anzulegen ist).[38]

Den Mitarbeitern muss demnach die Notwendigkeit für den Wandel plausibel gemacht werden[39], gelingt dies nicht, laufen die neuen Lernprozesse ins Leere. So wurde z.B. bei Volkswagen das eLearning System LINE[40] implementiert, auf welches 80.000 Mitarbeiter Zugriff hatten, allerdings wurde nur von 700 Angestellten ein Kurs wahrgenommen.[41]

4.2 Organisationsstruktur

Es ist empirisch belegt, dass mechanisch bürokratische Strukturen weniger innovativ sind als organische.[42] Die Studien von Burns & Stalker verlangen bei einer turbulenten Umwelt (s.a. Kapitel 2) die Abkehr von mechanischen Strukturen.[43]

Organische Strukturen zeichnen sich durch funktionale Autorität, netzwerkartige Kommunikationsstrukturen, laterale Interaktion und verteilte Entscheidungszentren aus. Diese Strukturform bringt eine Erhöhung der Aufgabenvielfalt, mehr Eigenkontrolle und die Notwendigkeit des Einsatzes einer breiten Palette an menschlichen Fähigkeiten, sprich eine Vergrößerung des Handlungsspielraums,[44] mit sich. Weitere wichtige Bestandteile sind die Einführung von Teamarbeit und die Schaffung von Selbstverantwortung bei allen Beteiligten.[45]

Daher ist die Wahl einer Organisationsstruktur, die ein gewisses Maß an *Flexibilität* besitzt, für die erfolgreiche Einführung von eLearning, gekoppelt an ein Change Management Projekt, *von hoher Bedeutung*.[46]

---

[38] Vgl. Minton / Ready for eLearning / S.6
[39] Vgl. Vollrath / Abschied vom "Change Management" / S.35
[40] LINE: Learning in Network Environment
[41] Vgl. Schwertfeger / Lernen ohne Reisekosten / S.2
[42] Vgl. Kieser / Unternehmenskultur und Innovation / S.43
[43] Vgl. Steinmann; Schreyögg / Management / S.425
[44] s.a. Abbildung 5: Der Handlungsspielraum eines Arbeitsplatzes
[45] Vgl. Schreyögg / Organisation / S.241ff
[46] Vgl. Broadbent / Decide for eLearning / S.2

Dezentrale Organisationsstrukturen bedeuten aber auch, dass Verantwortung und Aufgaben auf weitaus mehr Mitarbeiter verteilt werden. Es erfordert ein weitaus höheres Maß an Führungsqualitäten als in zentralisierten Organisationen (s.a. Kapitel 5.3).

4.3 Technologie

Auch wenn viele Anwendungen im Bereich des eLearning keine hohen Anforderungen an die Informationstechnologie stellen, da diese oft webbasiert sind oder auf einfachen Add-Ons zu Standardprogrammen beruhen,[47] ist der optimale Einsatz von IT-Ressourcen unabdingbar.

Um keine Frustration oder Missvertrauen bei den Mitarbeitern zu schaffen, sollten komplett getestete technische Standards verwendet werden, bei denen auf die Wünsche der Mitarbeiter eingegangen worden ist.[48] Zusätzlich müssen die notwendigen Ressourcen geschaffen werden, damit eventuell auftretende technische Probleme erkannt und gelöst werden können.[49]

Wenn der Begriff der Technologie etwas weiter gefasst wird, kann man unter diesem auch die Optimierung von Engineering Prozessen, Forschungs- und Entwicklungstechniken sowie Produktionstechniken und Produkten verstehen.

4.4 Unternehmenskultur

Jede Unternehmung besitzt ein Kultursystem[50], daraus entwickeln sich eigene, unverwechselbare Vorstellungs- und Orientierungsmuster, die das Verhalten und die betrieblichen Funktionsbereiche prägen.[51]

Die Entwicklung der Kultur vollzieht sich durch ein komplexes, nicht direkt beobachtbares Zusammenspiel von menschlichen Aktionen und Interaktionen und besteht aus gemeinsamen Orientierungen und Werten, die Ergebnis eines Lernprozesses sind. Die Kultur prägt die Mitarbeiter und wird von ihnen, idealerweise, als selbstverständlich

---

[47] Vgl. Broadbent / Decide for eLearning / S.2
[48] Vgl. Minton / Ready for eLearning / S.5
[49] Vgl. Schwertfeger / Lernen ohne Reisekosten / S.1
[50] s.a. Abbildung 6: Kulturebenen und ihr Zusammenhang
[51] Vgl. Steinmann, Schreyögg / Management / S.605f

angesehen. Dadurch bedingt lässt sich das Wertesystem der Unternehmung nicht direkt planen bzw. verordnen, ist aber durchaus beeinflussbar. [52]

Für eine erfolgreiche Einführung multimedialer Lernumgebungen ist eine innovationsfreudige Unternehmenskultur von Nutzen. Diese zeichnet sich durch ein gut funktionierendes Kommunikationsnetzwerk, schnelle Entscheidungsfindung, einen geringen Kontrollaufwand und engagierte Mitarbeiter aus. Zusätzlich wird durch ein stabiles Wertesystem Sicherheit vermittelt, welche erhöhtes Selbstvertrauen bei den Mitarbeitern schafft. [53]

In einer IW Umfrage von 1990 wurden weitere Faktoren für eine starke, innovative Unternehmenskultur genannt (Mehrfachnennungen möglich): Selbstverantwortlichkeit (96,7%); Teamwork (93,4%); höhere Beteiligung der Mitarbeiter an strategischen und politischen Entscheidungen (92,5%); mehr Information über Vorgänge im Unternehmen (91,7%) sowie Selbstverwirklichung und Freiräume bei der Arbeitsgestaltung (89,2%). [54]

Negative Auswirkungen auf ein innovatives Wertesystem werden unter anderem durch zu starke Ausrichtung an Abteilungs- und Bereichszielen, die Unterdrückung von Kommunikation und Ideen sowie ein hohes Maß an Kontrolle ausgelöst. [55]

Auch wenn sich eine innovationsfördernde Unternehmenskultur nicht verordnen lässt sollte, um die Einführung von eLearning zu vereinfachen, versucht werden, auf diese hinzuarbeiten. Dies kann u.a. durch Vorleben der gewünschten, neuen Werte durch die Führungskräfte geschehen. [56]

---

[52] Vgl. Steinmann, Schreyögg / a.a.O. / S.627
[53] Vgl. Steinmann, Schreyögg / a.a.O. /S. 619ff
[54] Vgl. Brommann, Piewinger / Gestaltung der Unternehmenskultur / S.5
[55] Vgl. Kieser / Unternehmenskultur und Innovation / S.45ff
[56] Vgl. Brommann, Piewinger / Gestaltung der Unternehmenskultur / S.124

5 Gravierende Faktoren für erfolgreiche Implementierung

Die in Kapitel 4 beschriebenen Faktoren bilden die notwendige Bedingung für die erfolgreiche Einführung von eLearning. Aufgrund des nicht zu verachtenden Schwierigkeitsgrades bei der Implementierung der neuen Lernform werden in diesem Abschnitt weitere hinreichende Bedingungen beschrieben, ohne deren erfolgreiche Umsetzung die Akzeptanz des Wandels gering bleiben würde.

5.1 Umgang mit Widerständen

Veränderungsprozesse in Unternehmen laufen in der Regel nicht problemlos ab, sondern rufen Widerstände hervor, welche sowohl *offen*, durch Streik oder explizite Ablehnung des Neuen, als auch *verdeckt*, durch Leistungs- und Qualitätseinschränkungen, in Erscheinung treten können.[57]

Die Ablehnung des Neuen lässt sich im wesentlichen in 2 Kategorien unterteilen:

1. Widerstände auf Ebene des Individuums, wozu z.B. die Bevorzugung von gewohnten Strukturen, Selbstzweifel und Unsicherheit zählen.
2. Widerstände auf Ebene der Organisation, dies beinhaltet Angst vor dem Verlust von eingespielten Normen und Privilegien.[58]

Zur Überwindung des Widerstrebens[59] zählen neben der Beachtung der goldenen Regeln (s.a. Kapitel 3.2) die gemeinsame Erarbeitung und der Beschluss des Wandelkonzeptes sowie Erkenntnis und Einverständnis, dass multimediale Lernumgebungen für die Unternehmung vorteilhaft sind. Dies sollte von möglichst vielen Organisationsmitgliedern getragen werden.[60] Weitere in der Literatur genannte Maßnahmen[61] zur Über-

---

[57] Vgl. Staehle / Management / S.977
[58] Vgl. Schreyögg / Organisation / S.489 ff. und Staehle / Management / S.978 f.
[59] s.a. Abbildung 7: Umgang mit Widerständen
[60] Vgl. Schreyögg / Organisation / S.497
[61] Vgl. Staehle / a.a.O. / S.981

windung von Widerständen sind: Information aller Beteiligten, Unterstützung der Change Agents,[62] Verhandlung, Manipulation und Zwang.

5.2 Zeithorizont

Die richtige Wahl der Umsetzungsgeschwindigkeit spielt bei der Realisierung des Wandels eine bedeutende Rolle. Durch zu schnelle oder zu langsame Herbeiführung der Veränderungen können diese zu einer schlecht oder gar nicht mehr steuerbaren Größe werden. Bei der Betrachtung der Geschwindigkeit muss beachtet werden, dass nicht nur rationale, sondern auch emotionale Faktoren zu berücksichtigen sind. Rein rational gesehen wäre eine möglichst schnelle Einführung von eLearning-Systemen der effektivste Weg, wenn man aber die damit verbundenen Probleme und vor allem Widerstände (s.a. Kapitel 5.1) betrachtet, ist eine zeitliche Streckung des Wandelprozesses sinnvoll. Im Zeitalter der ‚Internet Time' sollte man dennoch auf eine möglichst schnelle Realisierung achten, damit die Zeit die Technik nicht überholt.[63]

5.3 Führungskultur

Für eine erfolgreiche Implementierung eines eLearning-Systems hat das obere Management geschlossen hinter dem Konzept zu stehen,[64] sich den Fähigkeiten der Lernumgebung bewusst[65] und aktiv an der Umsetzung beteiligt zu sein. Hierbei zielt die aktive Beteiligung der Führungskräfte vor allem auf die Kommunikation der Ziele, das Aufzeigen der Vorteile für die einzelnen Mitarbeiter bzw. für das gesamte Unternehmen und die Beiträge des einzelnen zum Gesamtziel ab. Voraussetzung dafür ist, dass dem Management die Bedeutung der Wichtigkeit von Innovationen deutlich ist.[66]

Da, wie bereits in Kapitel 4.1 erwähnt, die Mitarbeiter den entscheidenden Erfolgsfaktor darstellen, müssen die Führungskräfte den Willen haben das Unternehmen und die Mitarbeiter beeinflussend zu verändern. Weiterhin sollten Sie auch gewillt sein, ihre Ein-

---

[62] Change Agents sind die Promotoren des Wandels
[63] Vgl. Werner (WWW) / Change Management and eLearning / S.7f
[64] Vgl. Wieswede / Führungsforschung im Wandel / S.16
[65] Vgl. Broadbent / Decide for eLearning / S.2
[66] Vgl. Berth / Woran scheitern Innovationen / S.34

stellung zu den Organisationsmitgliedern und ihren Führungsstil zu hinterfragen und im Hinblick auf prozessgerechte Arbeitsstrukturen anzupassen.[67]

Der starke Einfluss des Managements ist darauf zurückzuführen, dass Führungspersonen Wertvorstellungen und Verhaltensweisen vermitteln, die als wünschenswert angesehen werden und Modellcharakter gegenüber den Angestellten besitzen, womit diese auf die Unternehmenskultur einwirken können. Dadurch ist eine Beeinflussung der Mitarbeiter bezüglich ihrer Einstellungen einfacher zu realisieren als wenn dies durch die Angestellten geschehen würde.[68]

5.4 Einführungsgröße

Bei dem Einsatz von eLearning Systemen sollte die Einführungsgröße nicht vernachlässigt werden. Eine sofortige unternehmensweite Einführung könnte aufgrund der hohen Komplexität Probleme verursachen. Daher sollte zuerst dort, wo der Bedarf an intensiver Weiterbildung bzw. der daraus entstehende Benefit am größten, ist eine Implementierung vorgenommen werden.[69] Alternativ dazu wäre ein Einsatz in ein bis zwei Testfeldern und die Überprüfung der daraus entstehenden Ergebnisse, vor einer unternehmensweiten Einführung, zu wählen.[70]

5.5 Ressourcen

Neben den monetären Mitteln zählen die Verfügbarkeit von Zeit und eine ausgeprägte Wissensbasis zu den benötigten Ressourcen.
Die *Kosten* der Einführung von eLearning übersteigen die von bisherigen Lernformen um ein Vielfaches, daher muss ein ausreichendes Budget vorhanden sein.
Allerdings ist zu erwähnen, dass die Kosten für eine gut gestaltete eLearning Lösung auf lange Sicht gesehen günstiger sind als althergebrachte Lösungen.[71]

Um die richtige Auswahl eines Lernsystems treffen zu können, sollte man sich über die gebotenen Alternativen und die Auswirkungen des eLearning auf die Unternehmung

---

[67] Vgl. Mary / Change Management als Chance / S.7 und S.110
[68] Vgl. Maas; Schüller / Organisationskultur und Führung / S.167
[69] Vgl. Werner (WWW) / Change Management and eLearning / S.4
[70] Vgl. Mary / Change Management als Chance / S.129
[71] Vgl. Broadbent / Decide for eLearning / S.4

bewusst sein. Vorraussetzung dazu ist eine hohe Fachkompetenz, sprich *Wissensbasis* der Beteiligten.[72]

Um dieses Wissen auszuwerten und sinnvoll einzusetzen bedarf es einer ausreichenden Verfügbarkeit von *Zeit,* denn es ist nicht ausreichend im Besitz von Informationen zu sein, man benötigt auch die Ressourcen, um diese zu verarbeiten.[73] Ein erheblicher Zeitbedarf ist auch für die schon angesprochenen Faktoren Kommunikation, Analyse und Beseitigung von Widerständen einzuplanen.

5.6 Aufbau von Akzeptanz

Als letzter entscheidender Punkt wird ist die Generierung von Akzeptanz für neue Lernumgebungen zu erwähnen. Von Everett Rogers wurden hierzu folgende 5 Faktoren benannt.[74]

1. *Advantage*: den betroffenen Mitarbeitern muss deutlich gemacht werden, dass die neuen Lernmethoden vorteilhafter sind als die bisher eingesetzten.
2. *Compatibility*: Die Erzeugung eines "Look and Feel", welcher mit anderen im Unternehmen eingesetzten Softwarelösungen optisch harmoniert.
3. *Simplicity*: Die einfache Nutzbarkeit der angebotenen Software für die User und eine einfache technische Implementierung (wie z.B. beim WBT die Nutzung des Webbrowsers ohne zusätzliche Plugins).
4. *Trialibility:* Die Möglichkeit des „Lernen lernens". Dieses beinhaltet freien Zugang zu allen Angeboten und Verzicht auf Tracking[75] um dem Anwender nicht das Gefühl zu geben observiert zu werden sowie die Möglichkeit alle Angebote unverbindlich zu testen.
5. *Observability*: Dieser Ausdruck ist nicht im Sinn von Überwachung, sondern eher als Kommunikation der Erfahrungen anderer User zu verstehen.

---

[72] Vgl. Broadbent / Decide for eLearning / S.4
[73] Vgl. Mary / Change Management als Chance / S.24
[74] Vgl. Werner (WWW) / Change Management and eLearning / S.4
[75] Protokollierung der Nutzung von Lernsystemen

6 Fazit

Die auch schon in Kapitel 2 aufgeführten Kosten- und Zeitvorteile sprechen eindeutig für die Einführung von eLearning in Unternehmen und die damit verbundene Durchführung eines Change Management Projektes.

Allerdings ist es fraglich, ob die hohen Erwartungen an eLearning auch wirklich erfüllt werden können, da die bisherige Qualität von Lernsoftware den Anforderungen an diese oftmals nicht gerecht wird bzw. die Vorteile des neuen Mediums nicht genügend genutzt werden um ausreichendes Interesse und Vorteile zu schaffen. [76]

Neben den Unzulänglichkeiten der eLearning Software stellt auch die Komplexität des Change Management Prozesses eine nicht zu unterschätzende Problemstellung dar. Ein hoher Prozentsatz der organisatorischen Wandelprozesse scheitern oder werden nur unzulänglich umgesetzt. [77]

Selbst bei den eLearning Pionieren von Cisco Systems benötigte die Implementierung ihrer neuen Lernumgebung 5 Jahre und verursachte einige Fehlstarts. [78]

Daher dürfte eine Einführung von eLearning ohne ein vorhergehendes, sogfältig vorbereitetes Change Management Projekt große Probleme aufwerfen, deshalb ist die Implementierung multimedialer Lernumgebungen unter Einsatz eines Change Management Prozesses durchaus zu befürworten, da der Verzicht auf die Einführung einer neuen Lernkultur einen bedeutenden Wettbewerbsnachteil für die Unternehmung entstehen lassen würde.

---

[76] Vgl. Schwertfeger / Cyber-Learning hat noch viele Tücken / S.1
[77] Vgl. Berth / Woran scheitern Innovationen / S.33
[78] Vgl. Broadbent / How to fail at eLearning / S.1

Abbildungsverzeichnis

Feldtheorie	Aktionsforschung	Planungsmodell
	Entwicklung eines Problembewußtsein	Entwicklung eines Bedürfnisses nach Wandel
Unfreezing	Konsultation eines Beraters	Entwicklung einer Beziehung zwischen Klientensystem und Berater
	Datensammlung, Diagnoseversuch	
	Feedback der Daten an das Klientensystem, gemeinsame Diagnose	Diagnose
Moving	Gemeinsame Aktionsplanung	Suche nach Lösungsmöglichkeiten
	Aktion	Realisierung einer Lösung
	Datensammlung, Bewertung	
Refreezing	Feedback an das Klientensystem	Generalisierung und Stabilisierung des Wandels
	Gemeinsame Aktionsplanung	
	Aktion	Beendigung der Beziehung zwischen Berater und Klientensystem
	usw. (zyklischer Prozeß)	

Abb.1: Übersicht über die Grundmodelle des Wandels
Quelle: Pieper / Geplanter Wandel in Organisationen / S.80

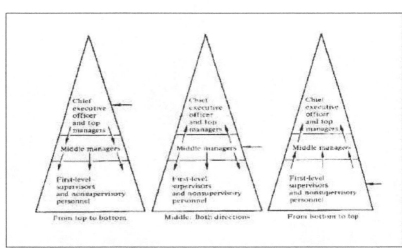

Abb.2: Alternative Ausgangspunkte für organisatorischen Wandel
Quelle: Staehle / Management / S.936

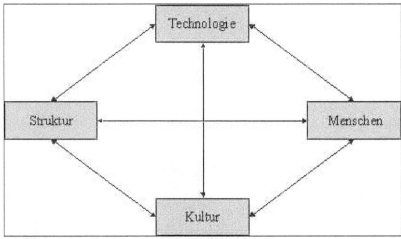

Abbildung 3: Die vier Systemvariablen nach Leavitt
Quelle: Eigene Darstellung, in Anlehnung an Staehle / Management / S.945

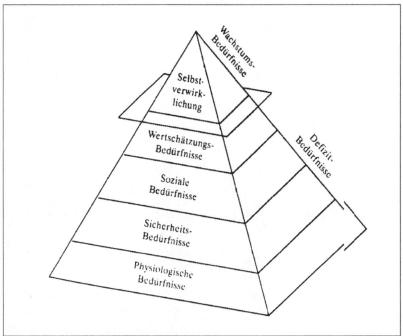

Abb.4: Die Maslowsche Bedürfnispyramide
Entnommen aus: Schreyögg / Organisation / S.221

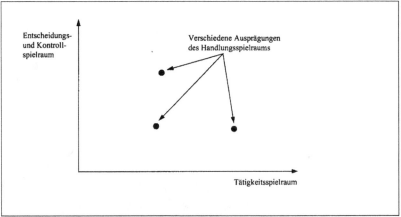

Abb.5: Der Handlungsspielraum eines Arbeitsplatzes
Quelle: Schreyögg / Organisation / S.243

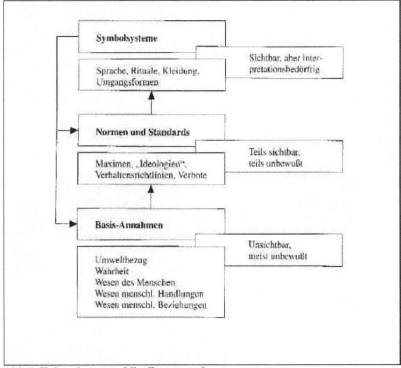

Abb.6: Kulturebenen und ihr Zusammenhang
Quelle: Steinmann, Schreyögg / Management / S.608

Methode	Situation	Problem
Information und Überredung	Widerstand basiert auf Informationsdefiziten oder unzutreffenden Informationen und Analysen	zeitaufwendig, wenn viele Mitarbeiter betroffen sind
Partizipation	Die Akteure haben nicht alle Informationen, die sie für den Wandel benötigen; Betroffene haben ein großes Machtpotential	zeitaufwenig, Ergebnis kann anders aussehen als vom Management gewünscht
Unterstützung	Widerstand aufgrund von Anpassungsproblemen	zeitaufwendig, eventuell teuer, hohe Gefahr des Scheiterns
Verhandlung	Verlustsituation für einige Betroffene, die zugleich über beträchtliche Macht verfügen	teuer, kann ansteckend auf andere wirken
Manipulation	andere Maßnahmen sind zu teuer oder klappen nicht	zukünftige Probleme, falls Manipulation als solche erkannt wird
Machtanwendung	Wandel muß schnell passieren, Akteure verfügen über entsprechende Macht	Frustration, Rückzug der Betroffenen

Abb.7: Umgang mit Widerständen
Quelle: Pieper / Geplanter Wandel in Organisationen / S.92

Literaturverzeichnis

Berth / Woran scheitern Innovationen

Berth, Rolf: Woran scheitern Innovationen
In: Frankfurter Allgemeine Zeitung, 03.05.1999, S.33-34

Broadbent (WWW) / How to fail at eLearning

Broatbend, Brooke: How to fail at eLearning
http://www.e-learninghub.com/how_to_fail_at_elearning.html, 31.01.2001,
Abruf am 10.04.2001

Broadbent (WWW) / Decide for eLearning

Broadbent, Brooke: Tips to help decide if your organization is ready for
eLearning
http://www.e-learninghub.com/ready_for_e-learning.html, 09.07.2000, Abruf
am 09.04.2001

Bromann; Piwinger / Gestaltung der Unternehmenskultur

Bromann, Peter; Piwinger, Manfred: Gestaltung der Unternehmenskultur,
1.Aufl, Wuppertal 1992

Doppler, Lauterburg / Change Management

Doppler, Klaus; Lauterburg, Christoph: Change Management: den
Unternehmenswandel gestalten, 2.Aufl. New York, Frankfurt a.M. 1994

Forthmann (WWW) / Internet macht lernen billiger

Forthmann, Jörg: Das Internet macht lernen billiger
http://www.mummert.de/deutsch/press/a_press_info/011603.html, Mummert &
Partner (Hamburg), 16.02.2001, Abruf am 14.04.2001

Freisberg / Der stetige Wandel

Freisberg, Alexander: Der stetige Wandel gehört für viele Unternehmen heute
zum Alltag
In: Financial Times Deutschland, 08.11.2000

Gabler Wirtschaftslexikon

Gabler Wirtschaftslexikon, Wiesbaden 1997

Horváth / Controlling

Horváth, Peter: Controlling, 6.Aufl. Stuttgart 1996

Kieser / Unternehmenskultur und Innovation

Kieser, Alfred: Unternehmenskultur und Innovation, o.O.,o.J.
In: Staudt, Erich (Hrsg): Das Management von Innovationen, 1.Aufl., Frankfurt
1986

Maas; Schüller / Organisationskultur und Führung

Maas, Peter; Schüller, Achim: Organisationskultur und Führung
In: Wiendeck, Gerd; Wieswede, Günter (Hrsg), Führung im Wandel: Neue
Perspektiven für die Führungsforschung und Führungspraxis, 1.Aufl., Köln 1989

Mary / Change Management

Mary, Michael: Change Management als Chance, 1.Aufl., Zürich 1996

Minton (WWW) / Ready for eLearning

Minton: Is your organiszation ready for eLearning?
http://www.comproj.com/Minton.htm, Abruf am 08.04.01

o.V. (WWW)/KPMG, eLearning Broschüre

o.V.: eLearning – Das Weiterbildungsmedium der Zukunft.
http://www.kpmg.de/services/consulting/ebusiness/docs/elearning_broschuere.p
df , KPMG (München) 01/2001, Abruf am 12.04.2001

o.V. / Lessons of a virtual timetable

o.V.: Lessons of a virtual timetable
In: The Economist, 15.02.2001

Pieper / Geplanter Wandel in Organisationen

Pieper, Rüdiger: Geplanter Wandel in Organisationen,
In: Pieper, Rüdiger; Richter, Knut (Hrsg.), Management – Bedingungen,
Erfahrungen, Perspektiven, 1.Aufl, Wiesbaden, Berlin 1990

Schanda, Franz / Grenzen interaktiver Medien

Schanda, Franz: Möglichkeiten und Grenzen interaktiver Medien in der betrieblichen Bildung
In: Seidel, C. (Hrsg.), Computer based training, Göttingen, Stuttgart 1993, S.118-126

Schoop / Computerunterstütztes Lernen

Schoop: Computerunterstütztes Lernen
In: Wirtschaftsinformatik, Heft 6, S.545-546, 1997

Schreyögg / Organisation

Schreyögg, Georg: Organisation - Grundlagen moderner Organisationsgestaltung, 2.Aufl., Berlin 1997

Schwertfeger / Cyber lernen hat noch viele Tücken

Schwertfeger, Bärbel: Cyber-Lernen hat noch viele Tücken
In: Wirtschaftswoche, 06.12.2000

Schwertfeger / Lernen ohne Reisekosten

Schwertfeger, Bärbel: Lernen ohne Reisekosten, 2001
In: Die Zeit, 04/2001

Staehle / Management

Staehle, Wolfgang H., überarbeitet von Conrad; Sydow: Management –Eine verhaltenswissenschaftliche Perspektive, 8.Aufl., Berlin, 1998

Steinmann; Schreyögg / Organisation

Schreyögg, Georg; Steinmann, Horst: Management – Grundlagen der Unternehmensführung: Konzepte – Funktionen – Fallstudien, 4.Aufl., Nürnberg, Berlin 1997

Vollrath / Abschied vom „Change Management"

Vollrath, Kai.C.: Abschied vom „Change Management"
In: Frankfurter Allgemeine Zeitung, 21.06.1999, S.30

Werner (WWW) / Change Management and eLearning

Werner, Tom: Change Management and eLearning
http://www.brandon-hall.com/whitpaponcha.html, Abruf am 10.04.2001

Wiendick / Führung 2000

Wiendick, Gerd: Führung 2000 – Perspektiven und Konsequenzen, 1989
In: Wiendeck, Gerd; Wieswede, Günter (Hrsg), Führung im Wandel: Neue
Perspektiven für die Führungsforschung und Führungspraxis, 1.Aufl., Köln 1989

Wieswede / Führungsforschung im Wandel

Wieswede, Günter: Führungsforschung im Wandel, 1989
In:Wiendeck, Gerd; Wieswede, Günter (Hrsg), Führung im Wandel: Neue
Perspektiven für die Führungsforschung und Führungspraxis, 1.Aufl., Köln 1989

www.ingramcontent.com/pod-product-compliance
Lightning Source LLC
La Vergne TN
LVHW092355060326
832902LV00008B/1044